La jaunisse de Mimi Réglisse

Texte : Lili Chartrand
Illustrations : Paule Bellavance

–Miaou! Miaou!

Mimi Réglisse se réveille en sursaut. Miniminou
la dévisage de ses grands yeux inquiets.
Aussitôt, la petite sorcière saute du lit et
se regarde dans le miroir. Elle pousse
un cri : sa peau est devenue
toute jaune !

Mimi Réglisse court à la cuisine.
– Qu'est-ce qui m'arrive ? demande-t-elle à sa vilaine tante Licorice.

La sorcière lève la tête de son bol de céréales aux crottes de souris.
– Tiens, tiens, tu as la jaunisse.
– C'est grave ?
– La jaunisse se déclenche parfois chez les gentils apprentis sorciers, explique Licorice. Ils se couvrent de fruits jaunes, de la pointe du chapeau jusqu'au bout des chaussures. J'espère que tu n'es pas une petite sorcière serviable ?
– Bien sûr que non ! réplique sa nièce en croisant les doigts dans son dos.
– Alors, ce doit être parce que tu as mangé trop de tarte au citron hier, déclare Licorice. Dans ce cas, ta peau restera jaune, mais sans se couvrir de fruits.

–Ça se soigne ? s'inquiète Mimi Réglisse.

Licorice feuillette son annuaire des sorciers, fées, lutins et ogres. Curieuse, la petite sorcière s'approche. Sa tante s'arrête à la section des fées.

–En général, la jaunisse dure quelques jours. Seule une bonne fée peut accélérer la guérison, dit-elle. Mais je t'interdis d'en consulter une. Les bonnes fées dégoulinent de gentillesse, comme cette Maxifine ! Pouah ! Maintenant, laisse-moi terminer mon petit-déjeuner en paix !

Retenant l'adresse de la fée Maxifine, Mimi Réglisse quitte aussitôt la maison avec Miniminou, grimpe sur son balai et vole jusque chez ses amis.

Mamie Flavie, Jérémie et Tobie le chien reculent
en voyant la peau jaune de Mimi Réglisse. La petite
sorcière les rassure : sa jaunisse n'est pas
contagieuse.

—Je dois demander l'aide d'une bonne fée, malgré
l'interdiction de Licorice. Sinon, je vais me couvrir
de fruits jaunes de la tête aux pieds et ma tante
saura que je suis gentille ! Voulez-vous
m'accompagner ?

–Jérémie ira avec toi, annonce mamie Flavie.
J'attends la visite d'une vieille amie. De toute façon,
je ne suis pas inquiète. Les bonnes fées sont sans
danger !
–Oh ! Tes tresses se transforment en bananes !
remarque alors le garçon.

Sans perdre une minute, Mimi Réglisse et Jérémie
montent sur le balai, qui s'envole vers le bois
des Bolets.

La fée habite une petite maison
perchée dans un gros chêne.

Mimi Réglisse et Jérémie y grimpent.
Maxifine les accueille avec un sourire.
—Mmm… une jaunisse aux fruits.
Toi, tu es une gentille
sorcière, affirme-
t-elle. Joli,
ton chapeau !

Mimi Réglisse le retire et pousse un cri : il est couvert de fines tranches de citron ! Elle le remet tout en examinant Maxifine. Son aile droite est de travers, l'autre couverte de poussière, et ses ongles sont noirs de terre. « Moi qui pensais que les fées étaient maniaques de la propreté ! » se dit la petite sorcière.

—Avant de te soigner, j'ai un service à te demander, déclare Maxifine.

Mimi Réglisse est ravie : elle adore aider autrui !
—J'ai de la difficulté à voler avec mon aile abîmée, avoue la fée. Au bout du chemin, il y a un énorme sapin. À son sommet trônent des fleurs bleues que j'adore. J'aimerais bien en avoir un bouquet.

Aussitôt, Mimi Réglisse et Jérémie descendent du chêne. La petite sorcière se rend compte que sa cape est maintenant garnie de rondelles d'ananas !

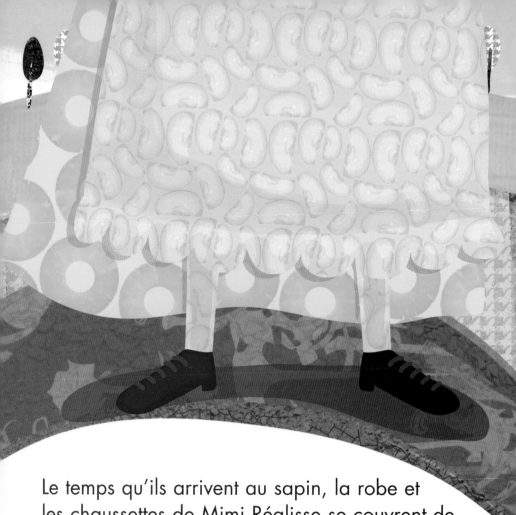

Le temps qu'ils arrivent au sapin, la robe et
les chaussettes de Mimi Réglisse se couvrent de
quartiers de pommes jaunes. La petite sorcière se
sent bien lourde ! Jérémie décide d'aller chercher
les fleurs à sa place. Agile comme un singe,
le garçon atteint la cime du sapin en criant lapin.

Il cueille le bouquet et le sent, puis redescend
en un instant.

Dès que Jérémie pose les pieds au sol, Mimi Réglisse remarque que le garçon n'est pas dans son état normal. Ses yeux sont fixes et il se déplace comme un robot.

– Quels sont vos ordres ? demande-t-il à la petite sorcière.

« Oh ! non ! Ces fleurs sont ensorcelées ! » se dit-elle en cherchant la formule pour annuler ce maléfice.

– Finito Roboto ! prononce-t-elle en tirant sa tresse-banane droite.

Pouf ! Jérémie reprend ses esprits. Mimi Réglisse se réjouit : elle ne s'est pas trompée de formule !

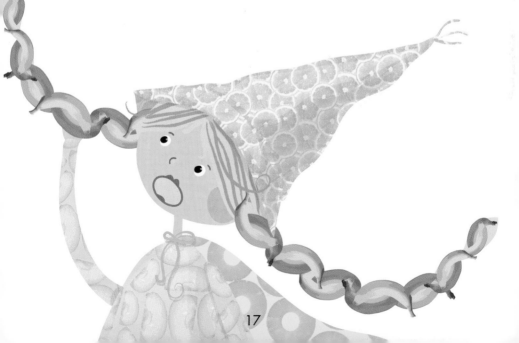

17

Sur le chemin du retour,
Mimi Réglisse et Jérémie
discutent. Ils sont d'accord.
Maxifine n'est sûrement
pas une vraie fée. Elle jette
des mauvais sorts. De plus,
elle est sale. Ce n'est pas
normal !
–S'il y avait du Licorice
là-dessous ? suggère Jérémie.

Mimi Réglisse réfléchit,
puis s'écrie :
–Tu as raison ! Je pense
que ma tante m'a tendu un
piège pour vérifier si j'étais
gentille. Comme c'est le cas,
elle a planifié ce maléfice
avec une fausse fée pour
me punir. Mais j'ai une idée
pour piéger à mon tour
cette supposée Maxifine...

20

Avec l'aide de Jérémie, Mimi Réglisse arrive à grimper au chêne. La petite sorcière fait semblant d'être ensorcelée. Les yeux fixes, elle tend le bouquet de fleurs bleues à la fée et demande :
—Quels sont vos ordres ?
—Ce bouquet de robotias est un de mes meilleurs sortilèges ! ricane Maxifine. Te voilà une parfaite petite robote, qui obéit au doigt et à l'œil ! Licorice ne pourra plus se plaindre que tu lui désobéis !

Tout à coup, Maxifine se transforme en affreuse
sorcière malpropre.

– Ah ! Je n'en pouvais plus de ce ridicule petit corps
ailé ! grogne-t-elle. Dire que moi, l'horrible Amanita,
j'ai remplacé cette bonne fée Maxifine ! Ma foi,
je mérite une récompense !

« Dans ce cas, où est la vraie Maxifine ? »
songe Mimi Réglisse.

– J'ai trouvé ! s'exclame alors l'horrible sorcière.
Je vais jeter un mauvais sort à ce garçon, ajoute-
t-elle en pointant sa baguette vers Jérémie.

Sans hésiter, Mimi Réglisse tire sa tresse-
banane gauche.
– Patadan Bataklan! prononce-t-elle.

Pouf! La baguette se transforme en brosse à
dents garnie de dentifrice!
– Ch'est dégoûtant! crie la sorcière, incapable
de maîtriser la brosse qui gigote dans sa
bouche. Retire-moi chette broche tout de chuite!
– Seulement si vous me dites où se trouve la
fée Maxifine.
– Elle est dans une chalière que j'ai cachée
chous l'évier.

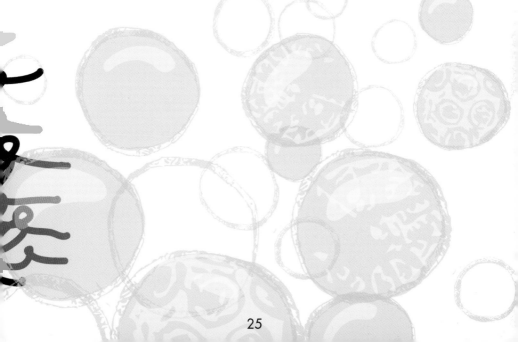

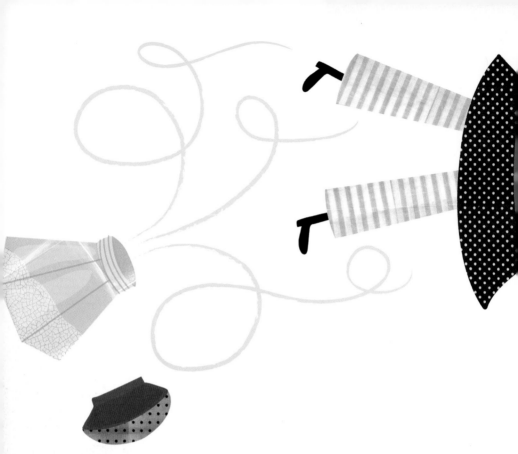

Mimi Réglisse trouve la salière et dévisse le couvercle. La fée en jaillit, vole droit vers la vilaine sorcière et lui souffle une poudre verte au visage.
– C'est de la poudre d'oubliette, explique-t-elle à Mimi Réglisse. Amanita a déjà oublié toute cette histoire ! Tourli, tourlou !

L'affreuse sorcière disparaît d'un coup.

Maxifine donne alors un sachet de poudre
d'oubliette à Mimi Réglisse.
—En rentrant chez toi, n'oublie pas d'en souffler
au visage de ta tante !

Puis, avec un grand sourire, la fée ajoute :
— Merci de m'avoir libérée ! Maintenant, gentille
petite sorcière, je vais te guérir. Rien ne me
fera plus plaisir !

Mimi Réglisse retrouve donc ses vraies couleurs.
Enfin, presque…

Il lui reste deux petites taches jaunes sous les pieds.
Mais ce n'est pas Licorice qui ira vérifier !

Lis-tu avec des yeux magiques ?

C'est ce qu'on va voir...

Essaie de répondre aux questions suivantes.

1. Que mange la vilaine tante Licorice pour le petit-déjeuner ?
a) Des œufs de chauve-souris.
b) Des tartines de pain moisi.
c) Des céréales aux crottes de souris.

2. Comment s'appelle la fée que Mimi Réglisse veut aller consulter ?
a) Maxifine.
b) Maxifée.
c) Robotia.

3. En quoi se transforment les tresses de Mimi Réglisse ?
a) En tranches de citron.
b) En bananes.
c) En morceaux d'ananas.

4. Où la vilaine Amanita avait-elle enfermé la vraie Maxifine ?
a) Dans la salière.
b) Dans le placard.
c) Dans le tube de dentifrice.

Tu peux vérifier tes réponses en consultant le site Internet des éditions Dominique et compagnie, à : www.dominiqueetcompagnie.com/apasdeloup.

À cette adresse, tu trouveras des questions supplémentaires, des jeux, des informations sur les autres titres de la collection, des renseignements sur l'auteure et l'illustratrice et plein de choses intéressantes !

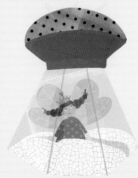

Tu as aimé cette histoire?
Tu as envie de lire toutes les aventures de Mimi Réglisse?

Voici les autres titres de cette série.